TABLEAUX

ANCIENS

—————————— ❧ ——————————

COLLECTION DE M. C.-A. VERVIER

Chevalier de l'ordre de Léopold

Conseiller provincial, Directeur honoraire de l'Académie

et Président de la Commission pour la conservation des monuments anciens à Gand

(Belgique).

——————— ❧ ———————

VENTE

DE LA PREMIÈRE PARTIE

HOTEL DROUOT, SALLE N° 7

Le Vendredi 16 Mars 1866

A 2 HEURES 1/2 PRÉCISES

—————

EXPOSITION PUBLIQUE

LE JEUDI 15 MARS 1866, DE 1 A 5 HEURES

——————— ❧ ———————

COMMISSAIRE-PRISEUR	EXPERT
Me **BOUSSATON**	**M. DHIOS**
Rue Le Peletier, 7.	Rue Le Peletier, 33.

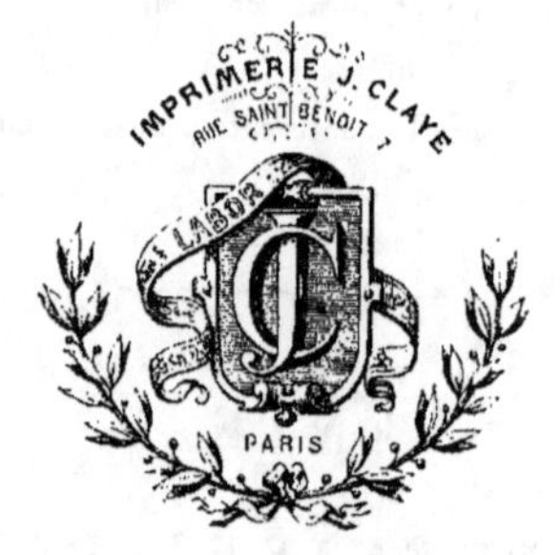

IMPRIMERIE J. CLAYE
RUE SAINT-BENOIT 7
PARIS

CATALOGUE

DE LA PREMIÈRE PARTIE

DE

TABLEAUX

ANCIENS

COMPOSANT LA COLLECTION DE

M. C.-A. VERVIER

Chevalier de l'ordre de Léopold, Conseiller provincial,
Directeur honoraire de l'Académie, et Président de la Commission pour la conservation
des monuments anciens à Gand (Belgique).

DONT LA VENTE AURA LIEU

HOTEL DROUOT, SALLE N° 7

Le Vendredi 16 Mars 1866

A 2 HEURES 1/2 PRÉCISES

PAR LE MINISTÈRE DE **Me BOUSSATON**, COMMISSAIRE-PRISEUR

RUE LE PELETIER, 7

ASSISTÉ DE **M. DHIOS**, EXPERT, RUE LE PELETIER, 33

EXPOSITION PUBLIQUE

LE JEUDI 15 MARS 1866, DE 1 A 5 HEURES

1866

CONDITIONS DE LA VENTE

Elle sera faite au comptant.

Les adjudicataires payeront, en sus des enchères, cinq pour cent applicables aux frais.

AVERTISSEMENT

Nous avons conservé dans la rédaction du présent catalogue les attributions sous lesquelles les tableaux sont connus des amateurs depuis de longues années.

NOTICE

Cette collection fut formée, pour la majeure partie, par
M. Jean-Baptiste **Vervier,** à Gand (Flandre), vers la fin du
siècle dernier; cette époque de troubles, ouvrant une mine iné-
puisable de richesses artistiques à M. **Vervier,** doué de connais-
sances spéciales en peinture, facilita beaucoup sa tâche et fit
qu'en peu d'années sa collection devint remarquable; aussi
F.-V. Goethals, dans son *Histoire des lettres, des sciences et des
arts en Belgique, Bruxelles 1842,* article Vervier, page 381, dit :
« Au milieu de la conflagration politique et à l'occasion des
« désordres domestiques qu'elle amenait sans cesse, Vervier
« avait un œil attentif sur les objets d'art, tableaux et anti-
« quités; il augmenta journellement son cabinet, qui mérita
« bientôt l'attention générale. Le 16 juillet 1803, Joséphine

« Beauharnais, épouse du premier consul, accompagnée du
« général Moncey, visita sa collection. »

A la mort de M. J.-B. **Vervier,** en 1817, ses tableaux
passèrent par héritage à son fils C.-A. **Vervier,** qui enrichit
encore son cabinet, de telle sorte, que tous les ouvrages traitant
de l'histoire de la ville de Gand citent cette collection avec
éloge.

Les tableaux exposés en vente se distinguent par leur
grande pureté et par leur conservation parfaite; les sujets en
sont agréables et gracieux, et les noms des maîtres sont de la
dernière exactitude; de plus, aucun de ces tableaux n'a été dans
le commerce.

DÉSIGNATION

ANONYME (1633)

1. — Cavalier et dame en conversation.

Bois. — H. 26 c. L. 23 c.

DE VELDE (GUILLAUME VAN)

2. -- Petite marine.

Bois. — H. 18 c. L. 23 c.

REMBRANDT (ÉCOLE DE)

3. — Philosophe en lecture.

Bois. — H. 28 c. L. 23 c.

FRANCK (SÉBASTIEN)

4. — Samson combattant les Philistins.

Bois. — H. 28 c. L. 43 c.

RYCKAERT (DAVID)

5. — Vieille femme dormant près de son feu.

Bois. — H. 40 c. L. 30 c.

HEEMSKERK (VAN)

6. — Intérieur grotesque.

Bois. — H. 22 c. L. 32 c.

ABSHOVEN (J,-VAN). *élève de* TÉNIERS

7. — Intérieur de cabaret.

Bois. — H. 23 c. L. 24 c.

BREYDEL (LE CHEVALIER)

8. — Choc de cavalerie.

Bois. — H. 14 c. L. 18 c.

WATERLOO (ANTOINE)

9. — Deux jolis petits paysages formant pendants.

Bois. — H. 14 c. L. 18 c.

DE VRIES (JEAN-RENIER)

10. — Vue de rivière.

Bois. — H. 41 c. L. 61 c.

POELEMBURG (CORNEILLE)

11.   Une déesse et une nymphe dans un charmant paysage.

Fin et gracieux tableau.

Bois. — H. 28 c. L. 23 c.

CRAESBEKE (JOSEPH)

12. — La partie de musique.

Bois. — H. 30 c. L. 36 c.

P. STRICK (*Signé*)

13. — Portrait d'un personnage qui paraît être le peintre *Jean Van Huchtenburg*, car il est représenté portant la chaîne d'or et la médaille que lui octroya l'électeur *Palatin Guillaume Jean*.

14. — Dame du personnage précédent.

Pendant du tableau n° 13.

Toile. — H. 21 c. L. 18 c.

NETCHER (GASPARD)

15. — Groupe de quatre personnes, portraits de famille.

Le satin dont la dame est habillée est traité avec un art infini.

Toile. — H. 45 c. L. 37 c.

VAN GOYEN (JEAN)

16. — Vue de rivière.

Toile.—H. 30 c. L. 40 c.

BRAKENBURG (RÉNIER)

17. — Junon réclamant de Jupiter la princesse *Io* (Ovide, *Métamorphoses*).

Bois.—H. 39 c. L. 30 c.

BRAKENBURG (RÉNIER)

18. — Charlatan montrant la caisse curieuse.

Bois.—H. 31 c. L. 40 c.

SCHUT (CORNEILLE)

19. — Une sainte recevant la couronne du martyre.

Bois.—H. 35 c. L. 26 c.

NAIVEU (MATHIEU) 1706, *élève de* GÉRARD DOW

20. — Portrait du célèbre médecin *Boerhave*.

Tableau d'un grand mérite d'exécution, portant, outre la signature du maître, le millésime 1706, 25e jours du 6e mois.

Toile. — H. 62 c. L. 53 c.

TERBURG (GÉRARD)

21. — Dame offrant un verre de vin à un musicien.

Bois. — H. 27 c. L. 24 c.

LINGELBACH (JEAN)

22. — Ruines en Orient.

Bois. — H. 22 c. L. 30 c.

REMBRANDT (1639)

23. — Portrait de sa mère.

Bois. — H. 19 c. L. 22 c.

STEEN (JEAN)

24. — Médecin tâtant le pouls à une jeune dame malade.

Bois. — H. 44 c. L. 35 c.

LA FONTAINE (PIERRE) ET SWEBACK

25. — Intérieur de la cathédrale de Bruges, par La Fontaine.

Ce tableau est orné d'une infinité de figures pointes par Sweback.

Bois. — H. 41 c. L. 52 c.

RUYSDAEL (SALOMON) 1651

26. — Pêcheurs au bord de la Meuse.

Dans le lointain apparaissent les tours et la ville de Dordrecht.

ROTTENHAMER (JEAN) ET BREUGHEL (JEAN)
dit de VELOURS

27. — Un groupe de trois personnes, probablement portraits de famille, dans un beau paysage peint par Breughel.

Bois. — H. 46 c. L. 56 c.

DER WERF (CHEVALIER VAN)

28. — Ce tableau est peint par le chevalier van der Werf d'après la gravure du tableau de Raphaël Sanzio, représentant la Sainte Famille, au musée du Louvre.

Ce qui prouve que ce tableau est peint d'après une gravure, c'est que les figures sont en sens inverse de la place qu'elles occupent au tableau original.

Tableau du plus grand mérite.

Bois. — H. 39 c. L. 34 c.

FRANCK (SÉBASTIEN)

29. — Esther devant Assuérus.

Certaines parties de ce beau tableau égalent David Teniers le jeune.

Cuivre. — H. 42 c. L. 54 c.

VAN BLOEMEN (NORBERT) 1699

30. — La naissance du Christ.

Tableau capail.

Toile. — H. 65 c. L. 85 c.

WOUWERMANS (PIERRE)

31. — Un camp.

Toile. — H. 40 c. L. 52 c.

TENIERS LE VIEUX

32. — Vue extérieure d'une ferme flamande.

Toile. — H. 45 c. L. 65 c.

BRAUWER (ADRIEN)

33. — Les fumeurs.

Bois. — H. 23 c. L. 19 c.

BREUGHEL *dit de* VELOURS (JEAN) ET VAN BALEN (JEAN)

34. — Le Créateur désignant à Adam et Ève le fruit défendu.

Les figures sont peintes par Van Balen, les animaux et le paysage par Breughel.

Cuivre. — H. 76 c. L. 96 c.

MOLENAAR (MIENZE)

35. — Conversation.

Bois. — H. 50 c. L. 52 c.

BOTH (JEAN) *dit d'*ITALIE

36. — Grand paysage orné de figures.

Tableau digne d'un musée.

Toile.— H. 67 c. L. 86 c.

BOTH (JEAN) *dit d'*ITALIE

37. — Petit paysage montagneux, mulets à l'abreuvoir devant une grotte.

Toile.—H. 45 c. L. 59 c.

MOLENAER (NICOLAS)

38. — Patineurs sur la glace.

Bois. — H. 40 c. L. 50 c.

WYNANTS (JEAN) 1661

39. — Beau paysage.

Toile. — H. 50 c. L 68 c.

VAN ASCH (PIERRE-JEAN) DE DELFT

40. — Vue d'une rivière dont les bords sont boisés.

Ce maître a si peu produit que ses tableaux sont presque introuvables en Hollande même. Celui-ci est admirablement conservé.

Bois. — H. 54 c. L. 80 c.

RUYSDAEL (JACQUES) 1661

41 — Grand paysage orné de figures.

Bois. —H. 75 c. L. 1 m.

RUYSDAEL (JACQUES) 1661

42. — Passage d'une rivière. D'innombrables figures ornent ce beau tableau.

Bois. — H. 35 c. L. 57 c.

RUYSDAEL (JACQUES) 1661

43. — Paysage boisé, avec figures.

Pendant du précédent, même grandeur. Ces deux charmants paysages sont d'une conservation et d'un mérite peu commun.

TENIERS LE JEUNE (DAVID)

44. — Corps de garde.

Bois. — H. 18 c. L. 25 c.

TENIERS LE JEUNE (DAVID)

45. — Kermesse flamande.

Bois. — H. 64 c. L. 84 c.

VAN HEIL (DANIEL)

46. — Joli petit paysage.

Bois. · H. 24 c. L. 35 c.

RUBENS (PIERRE PAUL) ET BREUGHEL (JEAN).
dit de VELOURS

47. — Le Christ mort et les saintes femmes.

Le tableau légué au musée d'Anvers par madame *Vanden Hecke-Baut*, est la reproduction par Rubens du tableau ci-dessus décrit. Il est inférieur à celui-ci en ce que la tête du Christ s'y trouve rejetée en arrière et ne présente au spectateur que le menton, tandis qu'ici cette tête, l'une des plus belles qu'on puisse imaginer, est vue de face. Le fond du tableau est peint par *Jean Breughel* dit *de Velours*.

C'est un des plus beaux tableaux de chevalet de ce maître célèbre.

Bois. — H. 58 c. L. 77 c.

HERICK DE COURTRAI (PIERRE)

48. — Judith met la tête d'Holopherne dans un sac, qu'une suivante tient ouvert.

Ce tableau a été peint par l'artiste après son retour d'Italie, où il fut élève du Tintoret et où il séjourna longtemps. Le mérite de ce tableau est attesté par l'ouvrage intitulé : *Livre des peintres*, publié en hollandais à Haarlem, par Van Mander, en 1604. A la page 250 verso, le tableau y est signalé, et on y dit surtout que la tête d'Holopherne est admirable. Du reste, comme le livre précité est rare et qu'il est écrit en une langue étrangère, le vendeur a jugé nécessaire de la déposer entre les mains du directeur de la vente en y joignant une copie française fidèle du texte ayant trait à ce tableau. Les amateurs pourront prendre connaissance de ces documents.

Le tableau paraît avoir été peint de 1567 à 1568.

Il est d'une grande beauté.

Bois. — H. 1 m. 14 c. L. 92 c.

LE DUC (JEAN)

49. — Rembrandt, sa femme et ses disciples.

Bois. -- H. 28 c. L. 36 c

VAN DYCK (ANTOINE)

50. — Portrait en buste de Philippe IV, roi d'Espagne.

Toile. — H. 68 c. I. 57 c.

HOEDT (GÉRARD)

51. — Pygmalion amoureux de sa statue.

Très-gracieux tableau.

Toile. — H. 42 c. L. 53 c.

VINKBOOMS

52. — Un hiver.

Le plus fin tableau que ce maître ait jamais produit.

Bois. — H. 21 c. L. 48 c.

DROOGSLOOT (JOOST CORNELITZ D'UTRECHT) 1643

53. — Vue des abords d'un château fort en ruine.

Bois. — H. 42 c. L. 55 c.

VAN DE VELDE (ADRIEN) 1656

54. — Cour d'une ferme, ornée de bétail, vaches, chèvres, etc.

Belle composition.

Toile. — H. 34 c. L. 45 c.

DAVID TENIERS LE JEUNE

55. — Esquisse. Groupe de trois bohémiens.

Bois. — H. 14 c. L. 12 c.

CUYP (BENJAMIN)

56. — Remarquable esquisse, représentant l'Annonce aux Bergers.

ÉCOLE FRANÇAISE

WATTEAU

57. — Partie de campagne et danse.

Beaucoup de figures ornent ce gracieux tableau.

Bois. — H. 39 c. L. 54 c.

LANCRET

58. — Partie de musique.

Bois. — H. 33 c. L. 21 c.

INCONNU

59. — Le chien savant.

Bois. — H 29 c. L. 21 c.

LE BRUN (CHARLES)

60. — La Conversion de Saint-Paul.

Bois. — H. 19 c. L. 28 c.

PARIS. — J. CLAYE, IMPRIMEUR, RUE SAINT-BENOIT, 7.